Eastside Elementary School
Cleveland ISD
1602 Shell Ave.
Cleveland, TX 77327

# Garbage Trucks ⚙
# Camiones de basura

By/Por NADIA HIGGINS

Illustrated by/Ilustrado por SR. SÁNCHEZ

Music by/Música por MARK OBLINGER

CANTATA
LEARNING

WWW.CANTATALEARNING.COM

## CANTATA LEARNING

Published by Cantata Learning
1710 Roe Crest Drive
North Mankato, MN 56003
www.cantatalearning.com

**Library of Congress Cataloging-in-Publication Data**
Names: Higgins, Nadia, author. | Sanchez, Sr., 1973– illustrator. |
  Oblinger, Mark, composer. | Higgins, Nadia. Garbage trucks. | Higgins,
  Nadia. Garbage trucks. Spanish.
Title: Garbage trucks / by Nadia Higgins ; illustrated by Sr. Sanchez ;
  music by Mark Oblinger = Camiones de basura / por Nadia Higgins ;
  ilustrado por Sr. Sanchez ; musica por Mark Oblinger.
Other titles: Camiones de basura
Description: North Mankato, MN : Cantata Learning, [2019] | Series: Machines!
  = Las maquinas! | Includes bibliographical references. | Audience: Ages
  6–7. | Audience: Grades K to 3. | Text in English and Spanish.
Identifiers: LCCN 2018026139 (print) | LCCN 2018028963 (ebook) | ISBN
  9781684103607 (eBook) | ISBN 9781684103409 (hardcover) | ISBN
  9781684103768 (pbk.)
Subjects: LCSH: Refuse collection--Juvenile literature. | Refuse collection
  vehicles--Juvenile literature.
Classification: LCC TD792 (ebook) | LCC TD792 .H54 2019 (print) | DDC
  628.4/42--dc23
LC record available at https://lccn.loc.gov/2018026139

Book design and art direction: Tim Palin Creative
Production assistance: Shawn Biner
Editorial direction: Kellie M. Hultgren
Music direction: Elizabeth Draper
Music arranged and produced by Mark Oblinger

Printed in the United States of America.
0397

ACCESS THE MUSIC!
SCAN CODE WITH MOBILE APP
CANTATALEARNING.COM

# TIPS TO SUPPORT LITERACY AT HOME

Daily reading and singing with your child are fun and easy ways to build early literacy and language development.

## USING CANTATA LEARNING BOOKS AND SONGS DURING YOUR DAILY STORY TIME

1. As you sing and read, point out the different words on the page that rhyme.

2. Memorize simple rhymes such as Itsy *Bitsy Spider* and sing them together.

3. Use the critical thinking questions in the back of each book to guide your singing and storytelling.

4. Follow the notes and words in the included sheet music with your child while you listen to the song.

5. Access music by scanning the QR code on each Cantata book. You can also stream or download the music for free to your computer, smartphone, or mobile device.

Devoting time to daily reading shows that you are available for your child. Together, you are building language, literacy, and listening skills.

*Have fun reading and singing!*

# CONSEJOS PARA APOYAR LA ALFABETIZACIÓN EN EL HOGAR

Leer y cantar diariamente con su hijo son maneras divertidas y fáciles de promover la alfabetización temprana y el desarrollo del lenguaje.

## USO DE LIBROS Y CANCIONES DE CANTATA DURANTE SU TIEMPO DIARIO DE LECTURA DE CUENTOS

1. Mientras canta y lee, señale las diferentes palabras en la página que riman.

2. Memorice rimas simples como Itsy Bitsy Spider y cántenlas juntos.

3. Use las preguntas críticas para pensar en la parte posterior de cada libro para guiar su canto y relato del cuento.

4. Siga las notas y las palabras en la partitura de música incluida con su hijo mientras escuchan la canción.

5. Acceda la música al escanear el código QR en cada libro de Cantata. Además, puede transmitir o bajar la música gratuitamente a su computadora, teléfono inteligente o dispositivo móvil.

Dedicar tiempo a la lectura diaria muestra que usted está disponible para su hijo. Juntos, están desarrollando el lenguaje, la alfabetización y destrezas de comprensión auditiva.

*¡Diviértanse leyendo y cantando!*

Imagine a world without garbage trucks. Pee-yew! Mountains of garbage would fill the streets. Garbage trucks haul away trash from bins. They scoop up dead leaves and branches.

Are you ready to learn more about garbage trucks? Turn the page and sing along!

Imagina un mundo sin camiones de basura. ¡Puf! Montañas de basura llenarían las calles.

Los camiones de basura retiran la basura de recipientes. Levantan hojas y ramas muertas.

¿Estás listo para aprender más sobre los camiones de basura? ¡Da vuelta la página y canta la canción!

Take the trash out to the curb.

That's right. Today is garbage day.

The neighbors' bins are all lined up.

Garbage trucks are on their way.

Saca la basura al borde de la acera.

Eso es. Hoy es el día de la basura.

Los botes de vecinos están todos alineados.

El camión de basura en camino se apresura.

Here comes the garbage truck.

Rattle, crash, clang, bang, smash!

Everybody wave hello.

Thanks for picking up our trash!

Aquí viene el camión de basura.

¡Qué traqueteo, qué ruido, qué locura!

Todos saluden al camión.

¡Gracias por recoger nuestra basura!

With a screech, the truck pulls up.

The **claw** comes out and grabs the bin,

lifts it up, and turns it over.

Down the **hopper** trash flows in.


Con un chirrido, el camión estaciona.

La **garra** sale y toma el bote,

lo levanta y lo da vuelta.

Por la **tolva** baja todo el lote.

Here comes the garbage truck.

Rattle, crash, clang, bang, smash!

Everybody wave hello.

Thanks for picking up our trash!


Aquí viene el camión de basura.

¡Qué traqueteo, qué ruido, qué locura!

Todos saluden al camión.

¡Gracias por recoger nuestra basura!

One hundred stops, two hundred more,
fill this truck up to the brim.
The **blade** packs stinky garbage down.
Go ahead and stuff more in.

Cientos de paradas, doscientas más,

llenan a este camión hasta el borde.

La **hoja** compacta la basura maloliente.

Adelante, coloca más, ¡sin que desborde!

Here comes the garbage truck.

Rattle, crash, clang, bang, smash!

Everybody wave hello.

Thanks for picking up our trash!

Aquí viene el camión de basura.

¡Qué traqueteo, qué ruido, qué locura!

Todos saluden al camión.

¡Gracias por recoger nuestra basura!

At last, the truck is really full.

It rumbles off to dump its load.

Next stop: **landfill**. Then start over.

This truck needs to hit the road.

Por fin, el camión está bien lleno.

Se aleja ruidoso para volcar su carga.

Ve al **vertedero** y comienza de nuevo.

Este camión necesita otra recarga.

Here comes the garbage truck.

Rattle, crash, clang, bang, smash!

Everybody wave hello.

Thanks for picking up our trash!


Aquí viene el camión de basura.

¡Qué traqueteo, qué ruido, qué locura!

Todos saluden al camión.

¡Gracias por recoger nuestra basura!

# SONG LYRICS
## Garbage Trucks / Camiones de basura

Take the trash out to the curb.
That's right. Today is garbage day.
The neighbors' bins are all lined up.
Garbage trucks are on their way.

Saca la basura al borde de la acera.
Eso es. Hoy es el día de la basura.
Los botes de vecinos están todos
    alineados.
El camión de basura en camino se
    apresura.

Here comes the garbage truck.
Rattle, crash, clang, bang, smash!
Everybody wave hello.
Thanks for picking up our trash!

Aquí viene el camión de basura.
¡Qué traqueteo, qué ruido, qué
    locura!
Todos saluden al camión.
¡Gracias por recoger nuestra basura!

With a screech, the truck pulls up.
The claw comes out and grabs the
    bin,
lifts it up, and turns it over.
Down the hopper trash flows in.

Con un chirrido, el camión
    estaciona.

La garra sale y toma el bote,
lo levanta y lo da vuelta.
Por la tolva baja todo el lote.

Here comes the garbage truck.
Rattle, crash, clang, bang, smash!
Everybody wave hello.
Thanks for picking up our trash!

Aquí viene el camión de basura.
¡Qué traqueteo, qué ruido, qué locura!
Todos saluden al camión.
¡Gracias por recoger nuestra basura!

One hundred stops, two hundred
    more,
fill this truck up to the brim.
The blade packs stinky garbage
    down.
Go ahead and stuff more in.

Cientos de paradas, doscientas más,
llenan a este camión hasta el borde.
La hoja compacta la basura
    maloliente.
Adelante, coloca más, ¡sin que
    desborde!

Here comes the garbage truck.
Rattle, crash, clang, bang, smash!
Everybody wave hello.

Thanks for picking up our trash!

Aquí viene el camión de basura.
¡Qué traqueteo, qué ruido, qué locura!
Todos saluden al camión.
¡Gracias por recoger nuestra basura!

At last, the truck is really full.
It rumbles off to dump its load.
Next stop: landfill. Then start over.
This truck needs to hit the road.

Por fin, el camión está bien lleno.
Se aleja ruidoso para volcar su carga.
Ve al vertedero y comienza de nuevo.
Este camión necesita otra recarga.

Here comes the garbage truck.
Rattle, crash, clang, bang, smash!
Everybody wave hello.
Thanks for picking up our trash!

Aquí viene el camión de basura.
¡Qué traqueteo, qué ruido, qué locura!
Todos saluden al camión.
¡Gracias por recoger nuestra basura!

# Garbage Trucks / Camiones de basura

**Jazz**
Mark Oblinger

**Verse / Verso**

1. Take the trash out to the curb. That's right. To-day is gar-bage day. The neigh-bors' bins are all lined up. Gar-bage trucks are on their way.

Sa-ca la ba-su-ra al bor-de de la a-ce-ra. E-so es. Hoy es el dí-a de la ba-su-ra. Los bo-tes de ve-ci-nos es-tán

to-dos al-i-nea-dos. El ca-mión de ba-su-ra en ca-mi-no se a-pre-su-ra.

**Chorus / Estribillo**

Here comes the gar-bage truck. Rat-tle, crash, clang, bang, smash! Eve-ry-bod-y wave hel-lo. Thanks for pick-ing up our trash!

A-quí vie-ne el ca-mi-ón de ba-su-ra. ¡Qué tra-que-te-o, qué rui-do, qué lo-cu-ra! To-dos sa-lu-den al

ca-mi-ón. ¡Gra-cias por re-co-ger nues-tra ba-su-ra!

**Verse / Verso 2**

With a screech, the truck pulls up.
The claw comes out and grabs the bin,
lifts it up, and turns it over.
Down the hopper trash flows in.

Con un chirrido, el camión estaciona.
La garra sale y toma el bote,
lo levanta y lo da vuelta.
Por la tolva baja todo el lote.

**Chorus / Estribillo**

**Verse / Verso 3**

One hundred stops, two hundred more,
fill this truck up to the brim.
The blade packs stinky garbage down.
Go ahead and stuff more in.

Cientos de paradas, doscientas más,
llenan a este camión hasta el borde.
La hoja compacta la basura maloliente.
Adelante, coloca más, ¡sin que desborde!

**Chorus / Estribillo**

**Verse / Verso 4**

At last, the truck is really full.
It rumbles off to dump its load.
Next stop: landfill. Then start over.
This truck needs to hit the road.

Por fin, el camión está bien lleno.
Se aleja ruidoso para volcar su carga.
Ve al vertedero y comienza de nuevo.
Este camión necesita otra recarga.

**Chorus / Estribillo**

# GLOSSARY / GLOSARIO

**claw**—a metal part that grabs a trash bin and empties it into a garbage truck

**garra**—una parte metálica que toma el bote de basura y lo vacía dentro de un camión de basura

**blade**—a part of a garbage truck that packs garbage in

**hoja**—una parte de un camión de basura que compacta o presiona la basura

**hopper**—the main part of a garbage truck, where the garbage goes

**tolva**—la parte principal de un camión de basura, donde se coloca la basura

**landfill**—a place where a city's garbage goes

**vertedero**—un lugar donde se coloca la basura de una ciudad

# CRITICAL THINKING QUESTIONS

This book shows a few different kinds of garbage trucks. Can you find them? Which one do you like best? Draw your own picture.

# PREGUNTAS DE PENSAMIENTO CRÍTICO

Este libro muestra algunos tipos diferentes de camiones de basura. ¿Puedes encontrarlos? ¿Cuál te gusta más? Haz tu propio dibujo.

## FURTHER READING / OTROS LIBROS

Adamson, Thomas K. *Garbage Trucks.* Minneapolis: Bellwether, 2017.

Berneger, Marcia. *Buster the Little Garbage Truck.* Ann Arbor, MI: Sleeping Bear, 2015.

Meister, Cari. *Garbage Trucks.* Minneapolis: Jump!, 2013.

Murray, Julie. *Camiones de le basura.* Minneapolis: ABDO Kids, 2016.